Parme Ceriset

LE LASCAUX DES VISAGES,
DE LA POÉSIE ET DES ARTS, LE PROJET

Ce que nous laisserons aux nuages

© 2021, Ceriset, Parme
Edition : Books on Demand,
12/14 rond-Point des Champs-Elysées, 75008 Paris
Impression : BoD - Books on Demand, Norderstedt, Allemagne
ISBN : 9782322217113
Dépôt légal : février 2021

LE LASCAUX DES VISAGES,
DE LA POÉSIE ET DES ARTS, LE PROJET

Ce que nous laisserons aux nuages

Parchemins de roche et de lumière…

PROLOGUE

C'était la fin des temps et nous allions mourir.

Ladislas prit dans ses mains des lambeaux de craies et se mit à dessiner nos portraits à tous sur les parois nues de la caverne. Il m'invita à en faire autant.

Ainsi, avant de disparaître, nous immortalisions tous ces regards, ces visages que nous avions tant aimés.

Et je crois qu'il en fut ainsi depuis toujours, depuis l'aube de l'humanité.

Elle était donc là, rayonnant sur les roches, notre éternité, l'éternité d'hier…

Graver ces visages sur la roche, aux cavernes de l'aube, sous le regard immortel du temps et des étoiles…

LE LASCAUX DES VISAGES

Comme il y a des milliers d'années,
J'ai peint ton visage sur la roche
De mes doigts enduits d'ocre et de sang
Et tu as imprimé mon regard
Sur la peau des cavernes et des songes.
Tu m'as aimée à la sauvage
Comme une femme immémoriale
Et j'ai humé ton parfum d'ambre,
Fossile de l'étreinte brûlante
Qui vit depuis la nuit des temps.

(Texte publié en 2018 sur mon blog La plume Amazone)

LE LASCAUX DES POÈTES

Quelques regards gravés sur les murs du temps
Comme si nous souhaitions laisser une part de nous,
Un prolongement éthéré de nos vies,
Un écho de nos rêves
Dans l'immensité du néant.
Quelques mots d'espoir,
Pigments d'ocre et de souffrance,
Imprégnés de joie, de peurs, de réminiscences,
Qui viennent marquer sur la grande caverne de l'art
Nos vies en lettres de sang.
Quelques visages, poèmes immortels,
Qui raconteront aux vivants de demain
Cet astre qui coula dans nos veines
Du temps où nous étions vivants,

Ces parchemins de roche et de lumière,
Notre éternité d'hier,
Notre firmament.

(Texte publié en 2018 sur mon blog la plume Amazone)

ÈVE DU TEMPS JADIS

Ève du temps jadis,
Tu pleures un amour disparu.
Depuis la nuit des temps,
Tu souffres,
Tu existes,
Depuis les cavernes
Des rêves du temps perdu.
Alors sur les parois tu gravas son visage,
Amazone de l'aube
Amoureuse d'un mort…
Tu pouvais désormais reprendre le chemin
De ton destin de femme aux temps préhistoriques,
Tu savais qu'il était toujours là, en ton sein,
Comme une marque rouge brûlante et diabolique.

(Texte publié en 2018 sur mon blog la plume Amazone)

(Parmi ces textes, certains ont été envoyés il y a quelque temps à la revue Francopolis et leur parution est prévue très prochainement.)

LA FRESQUE IMMORTELLE

Tu as dessiné l'inoubliable,
La fresque vivante du temps jadis où scintillent encore mille regards,
Les silhouettes et les postures,
Les passions et les trahisons,
Les blessures dans les entrailles d'un cœur,
Celles qui dirigent la plume et le pinceau
De l'artiste en proie à la transe suprême,
Celles qui lui font sacrifier une part de bonheur
Au nom de l'Art, son guide mystérieux
Et écrire en lettres de sueur
Le nom de sa seule immortelle Muse,
De son inoubliable étoile.
(Texte publié en 2018 sur mon blog la plume Amazone)

NUIT IMMÉMORIALE

C'était une nuit d'été.
Dans la clameur claire et musicale du ruisseau,
On entendait chanter grenouilles et grillons.
Les herbes prenaient un bain de lune,
Un rapace déchirait la quiétude du ciel
De temps en temps.
J'étais amoureuse
Comme on l'était au temps des cavernes,
Captivée par ce feu brûlant dans son regard
Sauvage et violent…
Les voix de la nuit se promènent
Sur le contour des cimes bleues,
Elles palabrent sous les étoiles,
Elles racontent le chant des mystères,
Au loin, un cerf brame,
Le cri des rapaces, le sang, le feu,

Les lueurs animales dans tes yeux
Qui m'aiment
Sous la lune d'Opale.

(Texte publié en 2020 sous une forme un peu différente dans la revue Traction brabant)

ÂME IMMÉMORIALE

Fais-moi l'âme ours,
L'âme panthère,
L'âme sauvage,
Celle qui résonne aux cavernes de
l'oubli,
Lame brûlante
Gravée dans la roche,
Imprime en mon corps étoilé
L'empreinte immortelle de ton cri.

(Texte publié dans l'anthologie Poème en roue libre 2020 sous une forme un peu différente.)

LOUVE IMMÉMORIALE

Humer le crépuscule,
Le vent, les nuages froids de la nuit
Avec un grand feu de joie dans l'âme
Et les cicatrices qui tiraillent
Mais luisent de mille étoiles,
L'esprit de la louve libre
Qui flambe dans le regard…
Ainsi parle le temps dans le grand coquillage :
« N'est fort que celui qui a affronté le gouffre et pansé ses failles. »

FEMME DES SOURCES

Je me sens de la Terre et infiniment femme,
Femme des ruisseaux fous et femme des nuages,
Femme du crépuscule embrasé de ses flammes,
Femme de l'aube bleue, des cascades sauvages.
Je me sens des névés, des neiges du Vercors,
Des aurores rosées et de leur brume fraîche,
Des effluves fruitées, extases des nuits d'or,
Des idylles d'été, des hommes aux peaux de pêche.
Je me sens de la vie qui coule dans les sources
De cette passion rousse qui flambe en mes veines

Des étoiles qui s'aiment aux feux de la grande Ourse,
Des regards éternels qui me proclament Reine.
Je me sens de l'espoir et de toutes ses forces,
Je me sens des combats qui me firent Amazone,
Je me sens du courage qui brille et qui trône
Au-dessus de nos vies, au bois de nos écorces
Comme un arbre de vie éphémère, immortel
Qui contemple le temps du haut de ses branchages,
Je me sens de l'eau vive qui danse et m'appelle
Je plonge dans son bain me fondre au paysage.

(Texte publié dans le numéro 43 de la revue Bleu d'encre de Claude Donnay.)

LE CHANT IMMÉMORIAL

Ce chant violine qui s'écoule comme une complainte sombre,
Ce chant, ton chant que j'entends parcourir les plaines
Du néant grisonnant
Jusqu'au refuge d'ambre
De l'antre de mon âme qui se fait caverne
Et accueille en son sein le silence érigé
De ton ombre qui veille
Aux nuits d'immensité.

MÉMOIRE D'ARGILE

Il y a dans ton regard
le feu brûlant de tes ancêtres,
Leurs souffles enfuis survolant
Les vagues blondes de tes terres,
Il y a dans tes entrailles la fougue qui vibrait en eux
Lorsqu'ils délivraient leurs corps fous
Des foudres des passions éclairs.
Il y a dans tes mains charnues toutes les moissons, les labeurs
Qui imprimèrent dans ta chair les rides de leurs propres vies…
Souviens-toi que dans la terre
Qui t'a fait naître et te nourrit,
Il y a leurs amours perdus, leurs idylles
Leurs joies d'hier.

*Et ces regards figés dans l'argile ou dans
les pierres, témoins de notre passage,
qui luisent comme mille étoiles...*

SOUS TA PEAU D'HOMME

Homme sous ta peau animale
De neige, de miel ou d'ébène,
Il y a un être qui scintille
De cet Amour universel
Qui ne connaît nulle frontière.
Et dans tes yeux qui me séduisent
Il y a cet océan de vie,
D'or, de nuit ou de ténèbres,
De joie, de douleur et de larmes,
Cette étincelle de lumière
Qui me rend à l'état sauvage…
Déjà j'aimais dans les cavernes
Lorsque j'étais la première femme
Accueillir l'extase suprême
De nos corps, nos chairs, nos âmes
Et je pourrais mourir pour toi
Et tu pourrais mourir pour moi
De cette passion étoilée
Qui est devenue Ciel.

Ce que nous laisserons aux nuages…

LE LASCAUX DE LA POÉSIE ET DES ARTS – Le projet

Projet de création d'un patrimoine collectif au départ immatériel puis éventuellement matériel dans l'esprit de la grotte de Lascaux.

Le moment venu, des poètes, peintres et éventuellement d'autres artistes seront amenés à participer à ce testament artistique commun.

Des thèmes seront choisis par la créatrice du projet, Parme Ceriset, (par exemple l'amour, la liberté…), et chaque artiste pourra proposer une création unique qu'il souhaite léguer aux humains de l'avenir, comme un SOS lancé dans l'univers.

Tous les textes et créations proposés devront s'inscrire dans cette démarche bien particulière et seront sélectionnés par un comité de lecture.

Ce projet aura éventuellement pour support une page facebook, un groupe facebook et un blog ou site internet d'art et de poésie.

Il pourra donner lieu par la suite à une revue d'art et de poésie inscrite au dépôt légal.

Le projet sera illustré par une image créée par Parme Ceriset ou par un autre illustrateur, et aura pour titre « le Lascaux de la poésie et des arts » ou « le Lascaux des poètes » ou « Le Lascaux des artistes », ou encore « Ce que nous laisserons aux nuages », ou tout autre titre choisi collectivement sur ce thème.

(Projet déposé au copyright et publié en 2018 sur mon blog la plume Amazone)

CE QUE NOUS LAISSERONS AUX NUAGES

Toutes ces étincelles de vie,
Ces mots d'ocre et de larmes,
Ces sourires, ces instants
Immortalisés sur la roche,
Ces visages et ces regards
Gravés sur les murs du temps,
Seuls témoins de notre passage,
Rayonneront dans le néant
Aux cavernes immémoriales
De l'art…
Ultime firmament.

Parme Ceriset, texte et illustration de couverture.